Natali Mallek – Annika Schneider

GESPRÄCHSIMPULSE

INHALT

Einführung ... 6

Durch die Jahreszeiten

Heilige Drei Könige ... 10
Valentinstag ... 11
Karneval ... 13
Frühling ... 15
Frühlingsblumen ... 18
Kräuter ... 20
Ostern ... 21
Konfirmation und Kommunion ... 22
Muttertag ... 24
Sommer ... 26
Herbst ... 28
Erntedank ... 30
Halloween ... 31
Martinstag ... 32
Plätzchen ... 33
Kerzenschein ... 34
Nikolaus ... 35
Weihnachten ... 37
Bescherung ... 38
Sterne ... 39
Schnee ... 40

SingLiesel

MIX
Papier | Fördert gute Waldnutzung
FSC® C014138
www.fsc.org

Satz: Röser MEDIA GmbH & Co. KG, Karlsruhe

Druck: FINIDR, s.r.o.
Printed in Czech Republic

ISBN 978-3-948106-30-0

www.singliesel.de

Bildnachweise:
Blumen: Gizele/Shutterstock.com
Cover-Foto: Krakenimages.com/Shutterstock.com

Kreuz und quer

Backen 44
Fernsehen und Kino 46
Wald 48
Hunde 49
50er-Jahre 51
60er-Jahre 53
70er-Jahre 55
80er-Jahre 57
90er-Jahre 59
Wetter 61
Zirkus 62
Wandern 64
Flüsse 65
Blumengarten 66
Urlaub 67
Frankreich 69
Italien 70
Bibel 71
Waschen 72
Katzen 73
Autos 74
Berufe 76
Putzen 77
Kochen 78
Fußball 79
Bücher 80

EINFÜHRUNG

Vorbereitete Fragen zu biografischen Themen, die ältere Menschen heute beschäftigen oder früher beschäftigt haben, können ein Leitfaden für den Aufbau von biografischen Gesprächen sein. Diese Fragen können Sie als Gesprächsleitung wie ein Gerüst verwenden, an dem Sie sich gut und immer wieder orientieren können. Je nach Gesprächssituation, Ihrem Gegenüber oder der individuellen Gruppendynamik brauchen Sie dieses Gerüst manchmal mehr und manchmal weniger. Sie entscheiden selbst, wie Sie die entsprechenden Anregungen nutzen. Die Fragen eigenen sich sowohl für Gespräche unter vier Augen als auch in Gruppen.

Wir haben Ideen für biografische Fragen zu den verschiedensten Themen aus dem Alltag und dem Jahreskreis zusammengestellt. Dabei ist die Reihenfolge der Fragen für Sie nicht bindend. Die Fragen sollen Ihnen nur als Handwerkszeug dienen – wie Sie sie in den jeweiligen Gesprächen nutzen, entscheiden Sie von Moment zu Moment! Vielleicht brauchen Sie nur eine der vorgeschlagenen Fragen und der Rest des Gesprächs entwickelt sich ganz automatisch. In einer anderen Gruppe oder an einem anderen Tag hingegen möchte eine Unterhaltung nicht so gut in Gang kommen. In dem Fall brauchen Sie mehr Struktur.
Geben Sie dem Gesprächsverlauf stets Raum und Möglichkeit, sich selbst zu entwickeln. Achten Sie in Gruppenangeboten darauf, dass alle Anwesenden zu Wort kommen. Das

funktioniert in der Praxis erfahrungsgemäß nicht immer zu hundert Prozent. Es gibt Menschen, die gerne reden, und Menschen, die – besonders in Gruppen – eher ruhiger sind. Das ist auch in Ordnung so! Haben Sie als Gruppenleitung nur ein Gespür dafür, dass sich alle wohlfühlen.

Wir wünschen Ihnen gute und vielleicht auch bewegende Gespräche in einer angenehmen Atmosphäre!

Natali Mallek und Annika Schneider

DURCH DIE JAHRESZEITEN

HEILIGE DREI KÖNIGE

DIE HEILIGEN DREI KÖNIGE ALS TEIL DER WEIHNACHTSGESCHICHTE

Erinnern Sie sich noch an das Bild, das Sie als Kind von den Heiligen Drei Königen hatten?

Haben oder hatten Sie eine Weihnachtskrippe mit Figuren der Heiligen Drei Könige? Wenn ja: Wie sehen oder sahen die Figuren aus?

DIE HEILIGEN DREI KÖNIGE EMPFANGEN

Kennen Sie den Brauch der Sternsinger? Wenn ja: Erinnern Sie sich an Lieder, die von den Sternsingern gesungen wurden oder werden?

Kennen Sie den Brauch, dass die Sternsinger einen Segen mit Kreide an die Tür schreiben?

Sammelten die Sternsinger bei Ihnen eher Spenden oder eher Süßigkeiten?

ALS TEIL DER HEILIGEN DREI KÖNIGE VON TÜR ZU TÜR GEHEN

Sind Sie schon einmal selbst als Sternsinger von Haus zu Haus gezogen? Wenn ja: Erzählen Sie davon!

War bei Ihnen der Tag der Heiligen Drei Könige früher mit einem Kirchgang verbunden?

Kennen Sie weitere Bräuche rund um den Tag der Heiligen Drei Könige?

VALENTINSTAG

Erinnern Sie sich an Ihre erste große Liebe? Wie hieß Ihr Schwarm und wie alt waren Sie ungefähr?

Was würden Sie sagen: Was sind die wichtigsten Dinge, die man beachten sollte, um eine glückliche Ehe zu führen?

Erzählen Sie von dem Tag Ihrer Hochzeit …

Hat Ihr Mann früher ganz klassisch um Ihre Hand angehalten? Möchten Sie von dem Heiratsantrag erzählen?

Haben Sie früher ganz klassisch um die Hand Ihrer Frau angehalten? Haben Sie vorher Ihren zukünftigen Schwiegervater um die Hand seiner Tochter gebeten? Erzählen Sie von dem Heiratsantrag.

Der 14. Februar ist der Tag des Heiligen Valentinus. Haben Sie mit Ihrem Partner oder Ihrer Partnerin an diesem Tag schon einmal einen Gottesdienst besucht, in dem Liebespaare gesegnet wurden?

Welche Geschenke oder Aufmerksamkeiten wurden Ihnen als Zeichen der Liebe überreicht, über die Sie sich besonders gefreut haben?

Was haben Sie Ihrer Liebsten oder Ihrem Liebsten als Zeichen der Liebe gerne geschenkt?

Wie feiern Sie Ihren Hochzeitstag? Oder wie haben Sie Ihren Hochzeitstag früher verbracht?

Haben Sie früher Liebesbriefe geschrieben?

Haben Sie Liebesbriefe bekommen?

Welche berühmten Liebespaare kennen Sie?

KARNEVAL

Haben Sie früher Karneval oder Fasching gefeiert?

Haben Sie sich auch verkleidet?

Was waren die beliebtesten Kostüme?

Gab es früher an den närrischen Tagen schulfrei?

Haben Sie die Kostüme für sich und Ihre Kinder selbst genäht?

Waren Sie Mitglied in einem Karnevalsverein?

Gab es an Ihrem Wohnort einen Faschingsumzug?

Sind Sie schon einmal auf einem Umzugswagen mitgefahren?
Wenn ja: Wie waren Sie verkleidet? Und wie hat es Ihnen gefallen?
Wenn nein: Wären Sie gern einmal mitgefahren? Als was hätten Sie sich dann verkleidet?

Haben Sie schon einmal am Straßenkarneval teilgenommen?

Waren Sie schon einmal auf einer Karnevalssitzung?

Gab es früher schon Fernsehübertragungen vom Karneval oder Fasching? Wenn ja: Haben Sie sich diese Übertragungen angesehen?

Kennen Sie Faschingslieder?

Was hat Ihnen am Karneval-Feiern am besten gefallen?

Mit welchen Bräuchen rund um Karneval oder Fasching konnten Sie sich nicht so gut anfreunden?

Welche Bedeutung hat die anschließende Fastenzeit für Sie?
Ist es eine besondere Zeit?
Haben Sie früher gefastet? Wenn ja: Auf was haben Sie verzichtet?

FRÜHLING

An was denken Sie zuerst, wenn Sie das Wort „Frühling“ hören?

Gibt es bestimmte Aktivitäten, die Sie hauptsächlich im Frühling unternommen haben?

Welche Frühlingsblumen schauen Sie gerne an?
Gibt es Frühlingsblumen, die Sie besonders lieben?

An welche Düfte im Frühling erinnern Sie sich? Welchen Duft mögen Sie gern? (Vielleicht einen speziellen Blumenduft, den Duft der ersten Frühlingsluft nach dem Winter, den Geruch, wenn es im Frühling regnet ...?)

Es gibt viele schöne Frühlingslieder. Welches ist das erste Frühlingslied, das Ihnen einfällt?
Mit welchen Frühlingsliedern sind Sie aufgewachsen? Welche haben Sie früher gern gesungen?

Hatten oder haben Sie einen Garten? Welche Aufgaben müssen dort im Frühling erledigt werden?

Lieben Sie Gartenarbeit?

„April, April, der weiß nicht, was er will ...“ In diesem Frühlingsgedicht geht es um das oft wechselnde Wetter im April.

Welche Erfahrungen haben Sie mit dem Aprilwetter gemacht?
Erinnern Sie sich an sommerliche Temperaturen oder gar Schneefall im April?

Fallen Ihnen weitere Frühlingsgedichte ein?

Am 1. Mai wird der Tag der Arbeit gefeiert. Gibt es besondere Momente, die Sie mit diesem Tag verbinden?
Was haben Sie früher am Maifeiertag unternommen?

In der Walpurgisnacht, der Nacht vom 30. April auf den 1. Mai, werden vielerorts fröhliche Feste gefeiert. Beim „Tanz in den Mai“ wird – wie der Name schon sagt – bis in die Nacht getanzt. Was haben Sie früher am Abend vor dem 1. Mai gemacht?

Welche Bräuche rund um den 1. Mai sind Ihnen geläufig?

Am zweiten Sonntag im Mai ist Muttertag. Haben Sie den Tag früher mit Ihrer Mutter gefeiert? Welche Geschenke haben Sie Ihrer Mutter gemacht?

Das größte Fest im Frühling ist das Osterfest.
Wie wurde Ostern in Ihrer Kindheit gefeiert? An welche Bräuche erinnern Sie sich?

Welche österlichen Bräuche und Traditionen gibt es bis heute in Ihrer Familie? (Ostereier bemalen, einen Hefezopf und Osterlämmer backen, Ostergras einsäen, in die Kirche gehen …)

Hat Ostern eine besondere Bedeutung für Sie? Welche?

FRÜHLINGSBLUMEN

Was fällt Ihnen als Erstes ein, wenn Sie an Frühlingsblumen denken?

Gibt es Frühlingsblumen, die Sie besonders schön finden oder gerne riechen?

Welche Blütenfarben gefallen Ihnen?

Welche Frühlingsblumen standen früher in Ihrem Garten? Welche stehen heute in Ihrem Garten?

Welche Blumen fangen im Frühling zuerst an zu blühen? Wann ist das ungefähr?

Gab es früher typische Schnittblumen, die als Frühlingsboten in Ihrer Wohnung standen?
Welche würden Sie sich heute ins Zimmer stellen?

Was mögen Sie besonders an Frühlingsblumen?

Welche Frühlingsblumen haben Sie gerne verschenkt? Warum gerade diese?

Welche Ihrer Erfahrungen würden Sie uns für das Setzen und die Pflege von Frühlingsblumen mit auf den Weg geben?

Durch die sogenannten „Eisheiligen“ im Mai werden manchmal nicht nur die Ernteerträge der Bauern gemindert. Auch die eine oder andere Blumenart leidet unter Frost und Kälte. Welche Erfahrungen haben Sie in Ihrem Garten und in der Natur mit frostigen Nächten im Mai gemacht?

KRÄUTER

Gibt es Kräuter, die Sie schon in Ihrer Kindheit kennengelernt haben? Hatten Sie vielleicht einen Garten, in dem Kräuter gewachsen sind?

Gibt es Kräuter, deren Duft Sie gerne mögen?

Fallen Ihnen Kräuter ein, deren Duft sie gar nicht gerne riechen?

Welche Kräuter schmecken Ihnen?

Gibt es Kräuter, die Ihnen in der Kindheit gar nicht geschmeckt haben, die Sie heute aber ganz gerne essen?

Kennen Sie sich mit der heilenden Wirkung von einigen Kräutern aus? Wenn ja: Erzählen Sie davon. Von wem haben Sie gelernt, welche Kräuter welche heilende Wirkung haben können?

Welche Hausmittel mit Kräutern sind Ihnen bekannt? Gibt es spezielle Wickel, Salben oder Tees, die bei Krankheiten angewendet wurden?

Mit welchen Kräutern kochen Sie gerne? Für welche Gerichte benutzen Sie spezielle Kräuter, ohne die das Gericht ganz anders schmecken würde?

OSTERN

An was denken Sie zuerst, wenn Sie das Wort „Ostern" hören?

Welche Erinnerungen haben Sie an Ostern in Ihrer Kindheit?

Kennen Sie Ostergedichte? Können Sie eins aufsagen?

Welche Lieder aus der Osterzeit singen Sie gerne? Möchten Sie eins anstimmen?

Sind Sie früher zur Osternacht in die Kirche gegangen? Wie haben Sie den Gottesdienst erlebt – als Kind und später im Erwachsenenalter?

Welche Traditionen gab es in Ihrer Familie an den Ostertagen? (Ostereier färben, Ostereier verstecken …)

Was gab es bei Ihnen früher zum Osterfrühstück?

Wurde in Ihrer Familie in der Fastenzeit gefastet?
Auf was wurde verzichtet?

Wer hat bei Ihnen zu Hause früher die Ostereier versteckt?
Können Sie sich noch an beliebte Verstecke erinnern?

Gab es etwas Besonderes, das zu Ostern gebacken oder gekocht wurde?

KONFIRMATION UND KOMMUNION

Welche Kleidung und Schuhe haben Sie an Ihrer Konfirmation bzw. Kommunion getragen?

Wissen Sie noch, welche Frisur Sie an Ihrer Konfirmation trugen?

Mochten Sie den Pastor bzw. Pfarrer?

Mussten Sie zum Konfirmationsunterricht gehen bzw. zum Kommunionunterricht ?
War der Unterricht streng?
Hat er Ihnen Spaß gemacht?
Wissen Sie noch, was Sie aus der Bibel und dem Gesangbuch auswendig lernen mussten?
Hatten Sie eine Prüfung vor der Konfirmation oder Kommunion?

Gab es bei Ihnen Geschenke oder Karten zur Konfirmation oder Kommunion?

Wie sah die Kirche aus, in der Sie Ihre Konfirmation bzw. Kommunion gefeiert haben?

Hatten Sie Gäste an diesem Tag?

Wie wurde die Konfirmation oder Kommunion im Anschluss an die Kirche gefeiert?

Hatten Sie einen Konfirmationsspruch? Wenn ja: Erinnern Sie sich noch an den Spruch?

Haben Sie noch Kontakt zu Menschen, mit denen Sie Konfirmation oder Kommunion gefeiert haben?

MUTTERTAG

Wurde der Muttertag in Ihrer Familie früher gefeiert? Welche Erinnerungen haben Sie an den Muttertag zu der Zeit, als Sie noch ein Kind waren?

Haben Sie Ihrer Mutter früher am Muttertag Geschenke gemacht?
Was waren das für Geschenke?

Hat Ihre Mutter am Muttertag wirklich keine Hausarbeit erledigt?

Gab es Dinge, die Sie, Ihre Geschwister oder Ihr Vater der Mutter an diesem Tag abgenommen haben?

Bekamen Sie Besuch am Muttertag oder waren Sie irgendwo eingeladen?
Wurden vielleicht sogar Ausflüge gemacht?

Erinnern Sie sich an Ihren ersten eigenen Muttertag – als Sie selbst Mutter waren?

Haben Sie die Muttertagstraditionen in Ihrer eigenen Familie später weitergeführt?

Wie haben sich für Sie die Muttertage im Erwachsenenalter verändert?

Werden Sie an diesem Tag gerne beschenkt?

Gibt es ein Muttertags-Geschenk, an das Sie sich besonders gern erinnern? Was war das für ein Geschenk und von wem haben Sie es bekommen oder wem haben Sie es geschenkt?

SOMMER

Mögen Sie den Sommer?

Was machen Sie gern im Sommer?

EIS

Essen Sie gern Eis? Wenn ja: Mögen Sie lieber Wassereis oder Milcheis?
Haben Sie schon einmal Eis selbst gemacht?
Gab es in Ihrer Kindheit schon Eisdielen in Deutschland?
Falls nicht: Wann waren Sie das erste Mal in einer Eisdiele?

SONNE

Sitzen Sie lieber in der Sonne oder lieber im Schatten?
Wie schützen Sie sich an heißen Tagen vor der Sonne?
Reagiert Ihre Haut empfindlich auf Sonne?

SCHWIMMEN

Können Sie schwimmen? Wenn ja: Wo haben Sie schwimmen gelernt? Wer hat Ihnen das Schwimmen beigebracht?
Gehen Sie gerne schwimmen? Wenn ja: Gehen Sie am liebsten in ein Freibad, ins Meer oder an einen See?
Gab es in Ihrer Kindheit Orte in der Nähe, an denen man schwimmen gehen konnte?

SOMMERURLAUB

Gab es in Ihrer Kindheit Sommerurlaub? Wenn ja: Sind Sie in dieser Zeit verreist? Wo sind Sie hingefahren? Wo haben Sie übernachtet? Haben Sie besondere Erinnerungen an einzelne Sommerurlaube?

Gab es in Ihrem Leben einen Ort, an dem Sie mehrmals Ihren Sommerurlaub verbracht haben?

Wohin würden Sie heute gern einmal in den Sommerurlaub fahren?

SOMMERBLUMEN

Welche Blumen gefallen Ihnen im Sommer besonders?

Hatten Sie früher einen Garten? Wenn ja: Wie sah der Garten im Sommer aus? Was hat dort alles geblüht?

An welche Sommerblumen auf Feldern und Wiesen erinnern Sie sich?

Die Blumen blühen im Sommer in den verschiedensten und schönsten Farben. Welche Blütenfarbe gefällt Ihnen am besten?

Haben Sie früher selbst Blumen für den Sommer eingesät? Wenn ja: welche?

Wenn Sie Blumensträuße im Sommer verschenkt haben, welche Blumen haben Sie dann dafür gewählt?

Haben Sie als Kind gern Blumen gepflückt?

Was haben Sie mit den Blumen gemacht? (Kränze geflochten, Sträuße gebunden …)

HERBST

WALD UND WIESE

Haben Sie schon mal Kastanien und Eicheln gesammelt? Wenn ja: wo? Was haben Sie mit den Kastanien und Eicheln gemacht?
Haben Sie schon einmal einen Igel gesehen? Wenn ja: wo?
Mögen Sie das bunte Laub im Herbst?
Machen Sie gern Herbstspaziergänge? Wenn ja: Wo unternehmen Sie am liebsten Herbstspaziergänge? Oder wo würden Sie gern im Herbst spazieren gehen?

HERBSTWETTER

Welches Wetter empfinden Sie als typisch für den Herbst?
Was unternehmen Sie gern an einem „goldenen Herbsttag"?
Erinnern Sie sich noch an einen heftigen Herbststurm? Erzählen Sie davon.

ESSEN IM HERBST

Mögen Sie gern Wildgerichte? Wenn ja: welche?
Essen Sie gern Pilze?
Haben Sie schon mal selbst Pilze gesammelt?
Welche essbaren Pilze kennen Sie?
Mögen Sie Maroni oder Esskastanien? Wenn ja: Wie essen Sie sie am liebsten?
Welche anderen Gerichte gehören für Sie zum Herbst?

DRACHENSTEIGEN

Haben Sie schon einmal einen Drachen steigen lassen?
Wenn ja: Wo haben Sie ihn steigen lassen?
Erinnern Sie sich noch an Tricks und Tipps, um einen Drachen in die Luft zu bekommen?
Haben Sie schon mal selbst einen Drachen gebaut?
Wenn ja: Konnten Sie ihn auch steigen lassen? Wie sah er aus?

HERBSTURLAUBE

Haben Sie schon einmal einen schönen Herbsturlaub unternommen? Wenn ja: Wo ging die Reise hin?
Würden Sie im Herbst gerne mal an einen besonderen Ort reisen? Wohin?

ERNTEDANK

Feiern Sie das Erntedankfest – oder haben Sie es früher gefeiert?

Gehen Sie am Erntedankfest in den Gottesdienst? Wenn ja: Woran erinnern Sie sich, wenn Sie an den letzten Erntedankgottesdienst denken, den Sie besucht haben?

Haben Sie einen Korb mit Feldfrüchten in die Kirche gebracht? Wenn ja: Was hat er enthalten?

Erinnern Sie sich noch daran, wie der Altar geschmückt war?

Gab es bei Ihnen Erntdankumzüge?

Gibt es ein besonderes Gericht, das Sie mit dem Erntedankfest verbinden?

Finden Sie es gut, dass das Erntedankfest heute noch gefeiert wird?

HALLOWEEN

Was verbinden Sie mit „Halloween“?

Lieben Ihre Kinder oder Enkel Halloween?
Was machen sie an diesem Tag?

Haben Sie sich früher gerne verkleidet?

Haben Sie auch mal gruselige Verkleidungen gewählt?

Gab es Feste, bei denen Sie von Tür zu Tür gegangen sind und etwas gesammelt haben?

Haben Sie als Kind gerne Schauergeschichten gehört oder selbst erzählt?

Haben Sie früher Laternen aus Kürbissen oder Zuckerrüben gebastelt?

Hatten Sie als Kind Angst vor Hexen und Gespenstern?

Haben Sie schon mal Kürbis gegessen? Wenn ja: Mögen Sie Kürbis?

MARTINSTAG

KIRCHGANG

Sind Sie früher am Martinstag in die Kirche gegangen?
Wenn ja: Haben Sie besondere Erinnerungen an diesen Gottesdienst?
Gehen Sie heute am Martinstag in die Kirche?

MARTINSFEUER

Haben Sie schon einmal eine Veranstaltung besucht, auf der ein Martinsfeuer entzündet wurde? Wenn ja: Erzählen Sie davon.
Erinnern Sie sich noch an Essen und Getränke, die auf der Veranstaltung gereicht wurden?

KULINARISCHES

Haben Sie schon einmal eine Martinsgans gegessen? Wenn ja: Erinnern Sie sich noch an die Beilagen? Erinnern Sie sich an die Menschen, mit denen Sie am Tisch saßen?
Haben Sie schon einmal eine Martinsgans selbst zubereitet? Wenn ja: Erinnern Sie sich noch an Einzelheiten der Zubereitung?

MARTINSUMZUG

Haben Sie schon einmal an einem Martinsumzug teilgenommen? Wenn ja: War ein Reiter mit einem Pferd dabei? Wie sahen die Laternen aus? Wurde Musik gespielt?

PLÄTZCHEN

Zu welchen Anlässen wurden in Ihrer Kindheit Plätzchen gegessen?

Mögen Sie den Geruch von frisch gebackenen Plätzchen?

Welche Plätzchen mögen Sie am liebsten?

Haben Sie früher selbst Plätzchen gebacken?
Wenn ja: Welche Plätzchen haben Sie gebacken?
Haben Sie auch von dem Teig genascht?
Haben Sie beim Backen eine Schürze getragen?
Hatten Sie beim Ausstechen eine Lieblingsform?

Haben Sie schon einmal Spritzgebäck, Lebkuchen, Zimtsterne oder Vanillekipferl gebacken?

Wurde bei Ihnen früher der Weihnachtsbaum mit Plätzchen geschmückt?

Wurden die Plätzchen in einer besonderen Dose oder an einem besonderen Ort aufbewahrt?

KERZENSCHEIN

Zu welchen Anlässen wurden in Ihrer Kindheit Kerzen angezündet?

Hatten Sie früher einen Adventskranz mit echten Kerzen? Wenn ja: Welche Farbe hatten die Kerzen auf Ihrem Adventskranz?

Hatten Sie früher einen Weihnachtsbaum mit echten Kerzen?

Erinnern Sie sich daran, wie es riecht, wenn man eine Kerze auspustet? Wenn ja: An welchen Orten haben Sie diesen Geruch schon wahrgenommen?
Mögen Sie den Geruch?

Waren Sie schon mal bei einem Stromausfall auf Kerzen angewiesen? Wenn ja: Was war das für ein Gefühl?

Haben Sie schon mal selbst Kerzen gezogen?

Sind Sie früher zu Mariä Lichtmess in die Kirche gegangen? Haben Sie an diesem Tag Kerzen zur Segnung mitgenommen?

NIKOLAUS

Wie wurde früher bei Ihnen zu Hause der Nikolausabend gefeiert?
Wie haben Sie sich als Kind den Nikolaus vorgestellt?

Welche Nikolausgeschichten und -legenden kennen Sie?

Haben Sie früher für den Nikolaus einen Stiefel, einen Schuh oder einen Teller vor die Tür gestellt?

Hat sich jemand bei Ihnen zu Hause als Nikolaus verkleidet und die Geschenke überbracht?

Hat der Nikolaus bei Ihnen zu Hause auch Ruten verteilt?

Hatte der Nikolaus in Ihrer Kindheit einen Begleiter oder kam er allein?

Hatten Sie als Kind Angst vor Knecht Ruprecht?

Mussten Sie als Kind dem Nikolaus Gedichte aufsagen oder ein Lied vorsingen?

Was brachte der Nikolaus für Gaben?

Kennen Sie Gedichte oder Lieder über den Nikolaus?
Wenn ja: Welche Lieder und Gedichte sind das?

Gab es am Nikolausabend bei Ihnen zu Hause etwas Besonderes zu essen? Wenn ja: Was gab es zu essen?

Kam der Nikolaus nur zu Ihnen nach Hause oder auch in den Kindergarten, die Schule oder die Kirche?

Wie haben Sie den Nikolaustag gefeiert, als Sie erwachsen waren?

Haben Sie Ihren Kindern, Neffen, Nichten, Enkeln Geschenke zum Nikolaustag gemacht?

Haben Sie besondere Traditionen eingeführt?

Gehen Sie am Nikolaustag in die Kirche?

Wie erleben heutige Kinder Ihrer Meinung nach den Nikolaustag?

Was hat sich am Nikolaustag im Vergleich zu früher geändert?

WEIHNACHTEN

Hatten Sie einen Adventskranz? Wenn ja: Wie sah er aus?

Wie wurde Weihnachten bei Ihnen zu Hause gefeiert?

Hatten Sie einen Weihnachtsbaum? Wenn ja: Wer hat ihn ausgesucht? Wer hat ihn geschmückt? Wie wurde er geschmückt?

Stand unter dem Weihnachtsbaum eine Krippe? Wenn ja: Wie sah sie aus?

Was gab es bei Ihnen am Heiligen Abend und an den Weihnachtsfeiertagen zu essen?

Wie wurde die Bescherung zelebriert?

Sind Sie gern auf den Weihnachtsmarkt gegangen? Wenn ja: Was haben Sie dort am liebsten gemacht?

Gab es bei Ihnen früher die Tradition, den Weihnachtsbaum zu plündern?

BESCHERUNG

Wann war bei Ihnen an Weihnachten die „Bescherung“: am Heiligen Abend oder am 1. Weihnachtsfeiertag?

Wer brachte bei Ihnen in der Familie die Geschenke? Das Christkind oder der Weihnachtsmann?

Erinnern Sie sich noch an ein Weihnachtsgeschenk, über das Sie sich besonders gefreut haben?

Erinnern Sie sich noch an ein Weihnachtsgeschenk, das Sie gar nicht mochten? Wenn ja: Wie sind Sie damit umgegangen? Haben Sie so getan, als ob Sie sich freuen würden?

Haben Sie als Kind vor Weihnachten manchmal heimlich nach Geschenken gesucht (zum Beispiel im Schrank der Eltern)?

Haben Sie zu Weihnachten schon mal etwas ganz Besonderes verschenkt?

Wie haben Sie Geschenke früher eingepackt?

Wie wurde die „Bescherung“ bei Ihnen zu Hause gestaltet? Mussten Sie etwas vorsingen oder ein Gedicht aufsagen? Wurde eine Glocke geläutet, wenn die Bescherung begann?

STERNE

Haben Sie schon mal eine Sternschnuppe gesehen? Wenn ja: Haben Sie sich etwas gewünscht? Ist es in Erfüllung gegangen?

Wurde Ihr Weihnachtsbaum früher mit einem Stern auf der Spitze geschmückt?

Mögen Sie Zimtsterne?
Haben Sie früher selbst Zimtsterne gebacken?

Unter welchem Sternzeichen sind Sie geboren?

Kennen Sie bestimmte Sternbilder?

Erinnern Sie sich daran, früher die Sterne betrachtet zu haben? Wenn ja: Wie haben Sie sich dabei gefühlt?

SCHNEE

Sind Sie früher Schlitten gefahren? Wenn ja: Wo sind Sie Schlitten gefahren? Wie sah Ihr Schlitten aus?

Sind Sie schon mal Ski gefahren? Wenn ja: Wo? Wie alt waren Sie, als Sie das Skifahren gelernt haben? Wer hat es Ihnen beigebracht? Wie sahen Ihre Skier aus?

Haben Sie früher Schneemänner gebaut? Wenn ja: Hatte Ihr Schneemann Augen, Nase, Mütze? Woraus bestanden diese?

Was haben Sie als Kind anziehen müssen, wenn es geschneit hat?

Haben Sie früher Schneeballschlachten gemacht? Wenn ja: Mit wem haben Sie Schneeballschlachten gemacht?

Haben Sie auch „Schneeengel" gemacht? Wenn ja: Wie hat sich das angefühlt?

Mussten Sie früher die Auffahrt oder den Gehweg frei schaufeln und streuen? Wenn ja: Fiel Ihnen das leicht oder war es sehr anstrengend?

Haben Sie als Kind Schnee probiert? Wenn ja: Wissen Sie noch, wie der Schnee geschmeckt hat? Und wissen Sie noch, wie die Reaktion Ihrer Eltern darauf war?

Erinnern Sie sich noch an das Gefühl, das Sie als Kind hatten, wenn es schneite?

Sind Sie als Kind gut durch den Schnee in die Schule gekommen?

Hat sich die Freude über Schnee im Laufe Ihres Lebens verändert?

Erinnern Sie sich an weiße Weihnachten, die Sie erlebt haben?

Mögen Sie Spaziergänge durch den Schnee?

KREUZ UND QUER

BACKEN

BACKEN IN ALTEN ÖFEN

Erinnern Sie sich noch an Öfen, die mit Holz oder Kohle beheizt wurden? Wenn ja: Wer hatte einen solchen Ofen? Wo stand dieser Ofen?
Beschreiben Sie genau, wie der Ofen aussah.
Beschreiben Sie genau, wie der Ofen beheizt wurde.
Erinnern Sie sich an Backwaren oder Gerichte, die in diesem Ofen etwas ganz Besonderes wurden?
Erinnern Sie sich an Backwaren oder Gerichte, die in diesem Ofen nicht so gut gelangen?

BROT UND BRÖTCHEN BACKEN

Mögen Sie den Geschmack von frisch gebackenem Brot? Beschreiben Sie ihn!
Wurde bei Ihnen in der Familie früher selbst das Brot gebacken? Wenn ja: Welches Brot?
Haben Sie selbst schon einmal Brot gebacken? Wenn ja: Welche Sorte? Wie haben Sie das Brot gebacken? Beschreiben Sie.
Welche Brotsorten mögen Sie am liebsten?
Welche Zutaten gehören in einen Brötchenteig?
Haben Sie schon einmal selbst Brötchen gebacken?
Gibt es einen Bäcker, dessen Brötchen Ihnen am besten schmecken oder am besten geschmeckt haben?

Kuchen backen

Backen Sie gern Kuchen?
Wenn ja: Welche Kuchen backen Sie am liebsten?
Backen Sie lieber einen Rühr- oder einen Hefekuchen?
Erinnern Sie sich an einen Kuchen, der Ihnen nicht gelungen ist? Wenn ja: Erzählen Sie davon.
Erinnern Sie sich an einen Kuchen von Ihrer Großmutter oder Ihrer Mutter, vielleicht auch von Ihrem Großvater oder Vater, der Ihnen besonders gut geschmeckt hat?
Lecken Sie beim Kuchenbacken den Teig hinterher von den Löffeln ab? Oder haben Sie das früher getan?

Plätzchen backen

Backen Sie gern Plätzchen?
Welche Plätzchensorten haben Sie schon gebacken?
Naschen Sie Teig, wenn Sie Plätzchen backen?
Gibt es Plätzchen, die Sie nicht selbst backen, die Ihnen aber besonders gut schmecken?

FERNSEHEN UND KINO

ALLGEMEINES ZUM THEMA „FERNSEHEN FRÜHER UND HEUTE"

Wissen Sie noch, wann bei Ihnen zu Hause das erste Fernsehgerät angeschafft wurde?
Wie sah das erste Fernsehgerät aus, das Sie zu Hause hatten?
Erinnern Sie sich noch an die Bildqualität? Beschreiben Sie sie.
Welche Programme gab es früher?
Welche Programme haben Sie geschaut?
Erinnern Sie sich noch an das Standbild des Fernsehers? Wie sah es aus?
Bis wie viel Uhr wurde das Fernsehprogramm früher gesendet?
Wie sieht Ihr Fernseher heute aus?
Welche Programme gibt es heute?

ALLGEMEINES ZUM THEMA „KINO"

Können Sie sich noch an Ihren ersten Kinobesuch erinnern?
Welchen Film haben Sie gesehen? Wer hat sie begleitet?
Haben Sie im Kino gerne Popcorn, Eis oder Limonade bestellt?
Waren Sie mit Ihren Kindern im Kino? Wenn ja: Was war der erste Film, den sie zusammen gesehen haben? Hat er Ihren Kindern gefallen?

SERIEN, FILME UND TV-SHOWS

Gibt es Serien, die Sie früher gerne geschaut haben? Wenn ja: welche?
Gibt es Serien, die Sie heute gerne schauen? Wenn ja: welche?
Haben Sie Lieblingsfilme? Wenn ja: welche?
Gibt es TV-Shows oder Musik-Shows im Fernsehen, die Sie früher gerne geschaut haben?
Gibt es TV-Shows oder Musik-Shows, die Sie heute gerne schauen?
Mögen oder mochten Sie
· Bonanza,
· Die Lindenstraße
· Der Kommissar
· Der kleine Maulwurf
· Das Sandmännchen?

SCHAUSPIELER, SHOWMASTER UND MODERATORINNEN

Gibt es Schauspieler oder Schauspielerinnen, die Sie besonders mögen?
Gibt es Schauspieler oder Schauspielerinnen, die Sie nicht mögen?
Gibt es Showmaster oder Moderatorinnen, die Sie besonders mögen?
Gibt es Showmaster oder Moderatorinnen, die Sie nicht mögen?

WALD

Haben Sie früher in der Nähe eines Waldes gewohnt? Wenn ja: Wie heißt der Wald? Können Sie den Wald beschreiben? Woran erinnern Sie sich?

Wohnen Sie heute in der Nähe eines Waldes? Wenn ja: Wie heißt der Wald? Beschreiben Sie den Wald.

Haben Sie schon einmal Pilze im Wald gesammelt? Wenn ja: Welche Pilze haben Sie gesammelt?

Ist Ihnen schon einmal ein Reh oder ein Hirsch im Wald begegnet? Wenn ja: Beschreiben Sie die Begegnung.

Ist Ihnen schon einmal ein Wildschein im Wald begegnet? Wenn ja: Beschreiben Sie die Begegnung.

Welche Vögel haben Sie schon im Wald gehört oder gesehen?

Haben Sie schon einmal Früchte oder Beeren im Wald gesammelt? Vielleicht Kastanien, Eicheln, Bucheckern, Brombeeren, Walderdbeeren, Blaubeeren? Wenn ja: welche? Wofür haben Sie sie verwendet?

Haben Sie schon einmal berühmte deutsche Waldgebiete besucht? Zum Beispiel: Thüringer Wald, Schwarzwald, Bayerischer Wald, Spreewald ...?

HUNDE

Mögen Sie Hunde? Wenn ja: Was mögen Sie an Hunden?

Haben Sie einen Hund oder hatten Sie einmal einen Hund?

FÜR MENSCHEN, DIE SELBST KEINEN HUND HABEN ODER HATTEN

Gibt es in Ihrer Verwandtschaft Menschen, die einen Hund haben?
Gibt es in Ihrem Freundeskreis Menschen, die einen Hund haben?
Wenn ja: Wie heißt der Hund? Wie sieht der Hund aus? Welcher Hunderasse gehört er an? Mögen Sie den Hund?

FÜR MENSCHEN, DIE SELBST EINEN HUND HATTEN ODER HABEN

Wie heißt oder hieß Ihr Hund?
Wie sieht oder sah Ihr Hund aus?
Zu welche Hunderasse gehört oder gehörte Ihr Hund?
Wie haben Sie Ihren Hund erzogen?
Was für eine Leine und was für ein Halsband hat oder hatte ihr Hund?
Wer geht oder ging meistens mit Ihrem Hund spazieren?
Was bekommt oder bekam Ihr Hund zu fressen?
Wo bekommt oder bekam Ihr Hund sein Fressen? Was für einen Napf hat oder hatte der Hund?
Erinnern Sie sich noch an ein besonders schönes Erlebnis mit Ihrem Hund? Erzählen Sie davon!

FÜR ALLE

Kennen Sie den Fernsehhund Lassie? Wenn ja: Zu welcher Hunderasse gehört Lassie? Wie sieht Lassie aus? Was macht Lassie in der Fernsehserie?

Erinnern Sie sich an Daisy, den Hund von Rudolph Moshammer? Wenn ja: Erzählen Sie von ihr.

Erinnern Sie sich an ein Erlebnis aus Ihrem Leben, zu dem das Sprichwort passt: „Da wird ja der Hund in der Pfanne verrückt“?

Erinnern Sie sich an Erlebnisse in Ihrem Leben, zu denen die folgenden Sprichwörter passen:

· Hunde, die bellen, beißen nicht.
· Den Letzten beißen die Hunde.
· Man soll keine schlafenden Hunde wecken.

Erzählen Sie davon.

50ER-JAHRE

MODE UND KLEIDUNG

Erinnern Sie sich an Kleidungsstücke, die Sie gerne getragen haben? Vielleicht auch an die Kleidung Ihrer Eltern, Kinder und Freunde?
An welche Frisuren erinnern Sie sich? Welche Frisuren haben Sie getragen? Welche Frisuren hatten Ihre Eltern?

FILM UND FERNSEHEN

Besaß Ihre Familie einen Fernseher? Wenn ja: Welche Fernsehsendungen haben Sie geschaut? Über welche Sendungen, Filme oder Serien haben Sie sich mit Ihren Eltern, Freunde etc. unterhalten? Durften Ihre Kinder fernsehen?

In den 50er-Jahren waren unter anderem Heinz Rühmann, Romy Schneider, Johannes Heesters, Hildegard Knef, Audrey Hepburn, James Dean und Marlon Brando über die deutschen Grenzen hinweg berühmt. Welche Schauspieler haben Sie gerne gesehen?

Welche dieser Filme haben Sie gesehen?
· Zwölf Uhr mittags
· Das Fenster zum Hof
· Der Frosch mit der Maske
· Manche mögen's heiß
· Bettgeflüster
· Grün ist die Heide

· Die Buddenbrooks
· In 80 Tagen um die Welt
· Die Brücke am Kwai

An welche Filme aus den 50er-Jahren erinnern Sie sich noch?

MUSIK

Welche Musik hat Ihnen in den 50er-Jahren gefallen?
Fallen Ihnen noch Lieder von Peter Kraus, Frank Sinatra, Elvis Presley oder Bing Crosby ein?

VERSCHIEDENES

Wie alt waren Sie zu Beginn der 50er-Jahre?
Haben Sie das „Wunder von Bern" verfolgt? Wissen Sie noch, wo und mit wem Sie das Spiel geschaut haben? An welche Fußballspieler erinnern Sie sich noch?
Gab es bei Ihnen zu Hause Toast Hawaii? Wenn ja: Wie haben Sie die Speise zubereitet?
Hatten Sie ein eigenes Auto? Wenn ja, was war das für ein Auto und welche Farbe hatte es? Wissen Sie noch, wie teuer das Auto damals war?
Wenn Sie an die 50er-Jahre denken, was kommt Ihnen zuerst in den Sinn?
Wie sah das Wohnzimmer in Ihrem Zuhause aus? Wo haben Sie gewohnt?

60ER-JAHRE

KLEIDUNG UND MODE

Erinnern Sie sich an die Mode in den 60er-Jahren? Welche Kleidungsstücke haben Sie gerne getragen, welche Kleidungsstücke mochten Sie nicht?
In den 60ern kamen die ersten Bikinis auf den Markt. Haben Sie einen getragen? Wie fanden Sie diesen neuen Stil der Bademode?

MUSIK

Erinnern Sie sich noch an den Text des Liedes „Itsy Bitsy Teenie Weenie Honolulu Strand Bikini"? Können Sie das Lied noch singen?
Welche Musik haben Sie in den 60er-Jahren gerne gehört? Welche Interpreten mochten Sie am liebsten?
Erinnern Sie sich noch an die Schallplatten, die Sie in diesem Jahrzehnt besaßen?

FILM UND FERNSEHEN

Haben Sie sich „Das aktuelle Sportstudio" im Fernsehen angesehen? Welche Sportarten haben Sie dort am meisten interessiert? Welchen Moderator haben Sie in guter Erinnerung?
Hatte Ihre Familie noch eine Schwarz-Weiß-Fernseher oder bereits einen Farbfernseher?
Der Film „Das Apartment" und die Musicals „West Side Story" und „My Fair Lady" erhielten in den 60er-Jahren ei-

nen Oskar und sind bis heute bekannt und durchaus beliebt. Haben Sie eines der Stücke bzw. den Film gesehen?
Welche Serien oder Filme sind Ihnen aus den 60er-Jahren in Erinnerungen geblieben? Haben Sie zum Beispiel die James-Bond-Filme, die Winnetou-Reihe oder die Edgar-Wallace-Filme gesehen?

EREIGNISSE

Welche Politiker aus dieser Zeit sind Ihnen in Erinnerung geblieben und warum?
Die 60er-Jahre sind noch heute bekannt für ihre Friedens- und Hippiebewegungen. Mit dem Woodstock-Festival 1969 erreichte die Hippie-Bewegung in den USA ihren Höhepunkt. Welche Erinnerungen haben Sie an diese Zeit? Wie viel und was haben Sie von diesen Entwicklungen mitbekommen? Wissen Sie noch, wie die Einstellung Ihrer Eltern dazu war?
Haben Sie die erste Mondlandung im Fernsehen oder im Radio mitverfolgt? Wo waren Sie bei diesem Ereignis? An was erinnern Sie sich noch, wenn Sie an die Mondlandung denken?
1961 wurde die Berliner Mauer gebaut. Welche Erinnerungen haben Sie an die ersten Tage rund um den Mauerbau und was hat dieses Ereignis für Sie und Ihre Familie bedeutet?

70ER-JAHRE

MUSIK

Welche Musik haben Sie in den 70er-Jahren gehört? Erinnern Sie sich an Liedtitel oder Interpreten, die Sie in der Zeit gemocht haben?
Erinnern Sie sich an Liedtitel der Gruppe Queen oder Lieder von John Lennon?
Wissen Sie noch, welcher Sänger das Lied „Tränen lügen nicht“ gesungen hat?
Erinnern Sie sich an die Auflösung der Gruppe „The Beatles“? Mögen Sie die Musik der Beatles?

FERNSEHEN UND MEDIEN

Erinnern Sie sich an Fernsehserien wie „Quincy“, „Tatort“ oder „Unsere kleine Farm“? Was lief noch im Fernsehen?
Welche Unterhaltungsshows haben Sie angeschaut? Erinnern Sie sich an „Am laufenden Band“, „Dalli Dalli“ oder „Der heiße Draht“? Wissen Sie noch, wer diese Sendungen moderiert hat?
Im Jahr 1974 fand die Fußballweltmeisterschaft hier in Deutschland statt. Deutschland wurde Fußballweltmeister. Welche Erinnerungen haben Sie daran?
Haben Sie oder jemand aus ihrem Bekanntenkreis die Zeitschrift „Emma“ abonniert?

KLEIDUNG UND MODE

Welche Mode war in den 70er-Jahren modern?
Erinnern Sie sich an die Haarschnitte aus den 70er-Jahren? Wie sahen diese aus? Welche Frisuren haben Sie getragen?
Haben Sie Plateauschuhe, Schlaghosen oder Hot Pants getragen?

EREIGNISSE

In diesem Jahrzehnt startete eine große Aufklärungswelle. Wie viel haben Sie davon mitbekommen? Wie fanden Sie diese Art Aufklärung (unter anderem durch Filme und Bücher) zu dieser Zeit?
Welche Erinnerungen haben Sie an die Friedensbewegung und die Anti-Atomkraftbewegung in den 70er-Jahren?
Erinnern Sie sich an den Kniefall von Warschau? Wie haben Sie diese besondere Geste von Willy Brandt miterlebt?

80ER-JAHRE

KLEIDUNG UND MODE

Was für Kleidung haben Sie in den 80er-Jahren getragen? Erinnern Sie sich an besonders auffällige Stücke?
Hatten Sie eine Frisur, die damals modern war, etwa eine Dauerwelle, Föhnfrisur oder einen Vokuhila-Schnitt (Kurzform von „vorne kurz, hinten lang“)?
Haben Sie in den 80ern Karottenhosen, Stirnbänder, Tennissocken und Neonfarben getragen?

TECHNIK

Erinnern Sie sich noch an die ersten Heimcomputer, die auf den Markt kamen? Wenn ja: Wie sahen sie aus? Was wurde damit gemacht? Besaßen Sie selbst einen Heimcomputer oder kannten Sie jemanden, der in den 80ern schon einen Computer besaß?
Erinnern Sie sich noch an das Aufkommen der Mikrowellen-Geräte in den 80er-Jahren? Wenn ja: Erzählen sie davon. Hatten Sie selbst eines?
Erinnern Sie sich noch an die ersten Anrufbeantworter in den 80er-Jahren? Wenn ja: Erzählen Sie davon. Hatten Sie damals selbst einen?
Erinnern Sie sich noch an den Walkman und den Radiorekorder in den 80er-Jahren? Wenn ja: Erzählen Sie davon. Hatten Sie selbst so ein Gerät?

MUSIK

Welche Musik haben Sie in den 80ern gehört? Welche Musiker und Bands mochten Sie am liebsten?
Erinnern Sie sich noch an die „singende Prinzessin", Stéphanie von Monaco? Wenn ja: Erzählen Sie von ihr.

FERNSEHEN

Erinnern Sie sich an die Fernsehshows „Ruck Zuck", „Glücksrad" oder „Der Preis ist heiß"? Wenn ja: Erzählen Sie davon.
Erinnern Sie sich daran, dass Horst Schimanski alias Götz George in der Krimiserie „Tatort" mitspielte? Wenn ja: Erzählen Sie davon.

90ER-JAHRE

MODE

Erinnern Sie sich noch an Kleidungsstücke und Frisuren, die Sie in den 90er-Jahren getragen haben?
Haben Sie in den 90er-Jahren auch Flanell-Hemden, Plateauschuhe oder einen Zickzack-Scheitel getragen?

MUSIK

Welche Musik haben Sie in den 90er-Jahren gehört? Welche Musiker oder Musikerinnen mochten Sie in den 90ern?
Kennen und mögen Sie einige der bedeutenden Musikrichtungen der 90er: Hip-Hop, R&B, Eurodance, Techno, Trance, House, Rave, Jungle, Drum and Bass oder Trip-Hop?
Haben Sie die Musiksender MTV oder VIVA geschaut? Wenn ja: Erzählen Sie davon.

FERNSEHEN

Erinnern Sie sich an die „Daily Talkshows" in den 90ern? Zum Beispiel an „Hans Meiser"? Haben Sie sich solche Talkshows angeschaut?
Erinnern Sie sich an Fernsehserien, die Sie in den 90er-Jahren geschaut haben? Vielleicht an „Gute Zeiten, schlechte Zeiten"?

TECHNIK

Verschicken Sie selbst E-Mails? Erinnern Sie sich noch an das erste Mal, als Sie eine E-Mail verschickt haben?

Besaßen Sie in den 90er-Jahren schon einen Computer? Wenn ja: Beschreiben Sie Ihren Computer.

Erinnern Sie sich noch an Ihre ersten Begegnungen mit dem Internet? Erzählen Sie davon.

DIES UND DAS

Erinnern Sie sich noch daran, dass 1990 der „Grüne Punkt“ eingeführt wurde? Wie fanden Sie das damals?

Erinnern Sie sich noch an das geklonte Schaf „Dolly“? Erzählen Sie davon.

Erinnern Sie sich noch an die Box-Erfolge von Henry Maske? Erzählen Sie davon.

WETTER

Haben Sie ein Lieblingswetter? Mögen Sie am liebsten den Sonnenschein, den Wind, einen ordentlichen Sturm oder Schnee?

Erinnern Sie sich noch an das Wetter bei besonderen Ereignissen in Ihrem Leben? Wie war das Wetter an Ihrer Hochzeit, der Taufe Ihrer Kinder, an wichtigen Geburtstagen?

Haben Sie schon einmal einen Urlaub gemacht, in dem das Wetter nicht so war wie erhofft? Einen verregneten Strandurlaub oder einen Skiurlaub ohne Schnee? Wenn ja: Wie haben Sie die Urlaubstage gestaltet?

Erinnern Sie sich an eine Gelegenheit, bei der Sie in den Regen kamen und tropfnass wurden? Erzählen Sie davon.

Was machen Sie, um sich aufzuwärmen, wenn Ihnen richtig kalt geworden ist? Trinken Sie gern ein warmes Getränk? Sitzen Sie gern vor einem warmen Kamin? Kuscheln Sie sich gern in eine warme Decke? Machen Sie sich eine Wärmeflasche?

Wie verbringen Sie einen Tag mit Sonnenschein am liebsten?

Wie verbringen Sie einen Tag mit Regenwetter am liebsten?

Wie verbringen Sie einen Tag mit viel Schnee am liebsten?

ZIRKUS

Waren Sie schon einmal in einem Zirkus? Wenn ja: Erinnern Sie sich noch an seinen Namen? Welche Zirkusse gab es noch?

Wann waren Sie das erste Mal in einem Zirkus?

Mögen Sie Clowns? Haben die Clowns Sie zum Lachen gebracht?

Haben manche Zirkus-Nummern Sie beunruhigt? Wie etwa die Auftritte von Seil- oder Trapez-Künstlern in schwindelerregender Höhe?

Wären Sie als Kind gerne mit dem Zirkus mitgefahren? Hätten Sie gerne in einem Zirkus-Wagen gelebt?

Können Sie sich noch daran erinnern, wie es im Zirkus gerochen hat? Nach Popcorn, Sägemehl und Tieren?

Haben Sie mit Ihren Kindern Zirkus-Vorstellungen besucht?

Wie sah das Zirkus-Zelt aus?

Welche Sitzgelegenheiten gab es in dem Zirkus, den Sie besucht haben?

Welche verschiedenen Artistinnen und Artisten haben Sie schon im Zirkus gesehen? Wie waren sie gekleidet?

Welche Tiere haben Sie schon in Zirkus-Nummern gesehen?

Welche Musik wurde im Zirkus gespielt?

Gab es in dem Zirkus, den Sie besucht haben, etwas zu essen? Wenn ja: Was gab es dort zu essen?

Würden Sie gern mal wieder einen Zirkus besuchen? Wenn ja: Gibt es einen bestimmten Zirkus, den Sie gerne besuchen würden?

Gibt es bestimmte Zirkus-Nummern, die Sie am liebsten anschauen?

Gibt es bestimmte Zirkus-Nummern, die Sie nicht so mögen?

WANDERN

Wandern Sie gerne oder sind Sie früher gerne gewandert?

Sind Sie schon einmal durch ein Waldgebiet gewandert?

Sind Sie schon einmal an einem Fluss entlanggewandert?

Sind Sie schon einmal auf einen Berg hinaufgewandert? Wenn ja: Sind Sie schon einmal in einer Berghütte eingekehrt? Was haben Sie dort gegessen und getrunken?

Sind Sie schon einmal in einem fremden Land gewandert? Wenn ja: In welchem? Gab es Unterschiede zum Wandern in Deutschland?

Welche Ausrüstung hatten Sie zum Wandern dabei?
Hatten Sie auch einen Wanderstock? Wenn ja: Haben Sie den Wanderstock geschmückt? Wie haben Sie den Wanderstock geschmückt?

Haben Sie sich beim Wandern selbst Proviant mitgenommen? Wenn ja: Was hatten Sie dabei?

Erinnern Sie sich noch an die weiteste Strecke, die Sie jemals gewandert sind? Wenn ja: Welche war es?

FLÜSSE

Welcher Fluss ist Ihrem Wohnort am nächsten?

Welche anderen Flüsse Deutschlands haben Sie schon gesehen?

Welche Flüsse außerhalb Deutschlands haben Sie schon gesehen?

Sind Sie schon mal auf einem Schiff einen Fluss entlanggefahren? Wenn ja: Erzählen Sie davon.

Sind Sie schon mal in einem Fluss geschwommen? Wenn ja: Erzählen Sie davon.

Haben Sie schon einmal eine gefährliche Situation an einem Fluss miterlebt? Wenn ja: Erzählen Sie davon.

Welchen Fluss würden Sie gern einmal sehen?

Haben Sie in der Schule viel über Flüsse gelernt? Wenn ja: Was?

BLUMENGARTEN

DER EIGENE GARTEN

Welche Blumen haben Sie in Ihrem Garten gepflanzt? Kennen Sie die Namen der Blumen in Ihrem Garten?
Fällt Ihnen eine Blume aus Ihrem Garten ein, die ganz besonders blüht oder blühte? Wenn ja, welche war es? Wie sah sie aus?
Wer jätet in Ihrem Garten das Unkraut oder hat es früher gejätet?
Wenn Sie es selbst machen oder gemacht haben: Mögen Sie diese Arbeit oder ist es ein notwendiges Übel?
Welche Arbeiten sind sonst noch notwendig, damit Blumen gut gedeihen?

„FREMDE" GÄRTEN

Gibt es Gärten von Freunden oder Verwandten, in denen Sie als Kind gerne gespielt haben? Wenn ja: Erinnern Sie sich noch an bestimmte Blumen, die dort gewachsen sind?
Gibt es heute Gärten von Freunden oder Verwandten, in denen Sie sich gerne aufhalten? Wenn ja: Welche Blumen wachsen dort?
Gibt es öffentliche Parks oder Gärten, die Sie gerne besuchen oder in Ihrem Leben besucht haben? Wenn ja: welche? Erinnern Sie sich an bestimmte Blumen, die dort gewachsen sind?

URLAUB

Gibt es Urlaubsorte in Ihrem Leben, die Sie mehrfach bereist haben? Wenn ja: Welche waren das und warum?

AM MEER

Haben Sie schon mal Urlaub am Meer gemacht? Wenn ja: An welchen Meeren waren Sie? Beschreiben Sie einen typischen Urlaubstag, den Sie am Meer verbracht haben.

IN DEN BERGEN

Haben Sie schon einmal Urlaub in den Bergen gemacht? Wenn ja: Sind Sie in Ihrem Urlaub auf einer Berghütte eingekehrt? Beschreiben Sie einen typischen Urlaubstag, den Sie in den Bergen verbracht haben.

IM INLAND

Welche Städte in Deutschland haben Sie schon bereist?
Welche Urlaubsregionen in Deutschland haben Sie schon bereist?
Welche Städte oder Regionen in Deutschland würden Sie gerne (noch) einmal bereisen?

IM AUSLAND

Welche Länder haben Sie schon bereist?
Wo hat es Ihnen am besten gefallen?
Mit welchem Transportmittel sind Sie dorthin gereist?
Wo haben Sie übernachtet?

IM HERBST

Haben Sie schon einmal Urlaub im Herbst gemacht? Wenn ja: wo?
Was kann man im Herbsturlaub besonders gut machen?

IM WINTER

Haben Sie schon einmal Urlaub im Winter gemacht? Wenn ja: wo?
Was kann man im Winterurlaub besonders gut machen?

FRANKREICH

Sprechen Sie Französisch? Wenn ja: Wo haben Sie es gelernt?

Würden Sie gerne einmal nach Frankreich reisen? Warum – oder warum nicht?
Waren Sie schon einmal in Frankreich? Wenn ja: Warum waren Sie in Frankreich? Wann waren Sie in Frankreich? In welcher französischen Stadt oder Region waren Sie genau? Haben Sie Sehenswürdigkeiten besucht? Wenn ja: welche?

Erinnern Sie sich noch an das Essen in Frankreich? Wenn ja: Welche Erinnerungen haben Sie daran?
Gibt es französisches Essen, das Sie besonders gern mögen? Gibt es französisches Essen, das Sie gar nicht mögen?

Gibt es französische Stars aus Film, Theater, Mode oder aus der Musik, die Sie besonders mögen?

Kennen Sie französische Automarken?
Sind Sie schon einmal ein Auto einer solchen Marke gefahren?

Kennen Sie französische Künstler oder Künstlerinnen? Wenn ja, wie gefällt Ihnen deren Kunst?

ITALIEN

Waren Sie schon einmal in Italien?

Wenn ja:
Wo und wann waren Sie in Italien?
Warum waren Sie in Italien?
Wie sind Sie nach Italien gereist?
Wo haben Sie in Italien übernachtet?
Haben Sie sich Sehenswürdigkeiten in Italien angeschaut? Wenn ja: welche?
Erinnern Sie sich an das Essen in Italien? Was hat Ihnen besonders gut geschmeckt?
Gibt es Begegnungen mit den Menschen in Italien, die Ihnen besonders in Erinnerung geblieben sind? Wenn ja: welche?

Wenn nein:
Sprechen Sie Italienisch? Wenn ja: Wo haben Sie es gelernt?
Würden Sie gerne einmal nach Italien reisen?
Gibt es italienisches Essen, das Sie besonders gern mögen?
Gibt es italienisches Essen, das Sie gar nicht mögen?
Erinnern Sie sich noch, wann Sie italienische Speisen kennengelernt haben? Gehörten Nudeln und Pizza für Sie von klein auf dazu?

Kennen Sie italienische Automarken? Sind Sie schon einmal ein italienisches Auto gefahren?

BIBEL

Wurde bei Ihnen in der Familie früher aus der Bibel gelesen? Wenn ja: Zu welchen Anlässen wurde aus der Bibel gelesen?

Wissen Sie noch, wo die Bibel in Ihrem Elternhaus aufbewahrt wurde?

Gab es eine Bibelgeschichte, die Sie als Kind besonders mochten?

Erinnern Sie sich noch an Ihre erste eigene Bibel? Wenn ja:
Welche Farbe hatte die Bibel?
Von wem haben Sie die Bibel bekommen?
Stand eine Widmung in der Bibel?

Welche Rolle spielt die Bibel heute in Ihrem Leben?

WASCHEN

DIE WÄSCHE

Erinnern Sie sich noch daran, wie und womit Ihre Mutter früher die Wäsche gewaschen hat?
Wie haben Sie die Wäsche Ihrer Familie später im Erwachsenenalter gewaschen?
Wissen Sie noch, wann Sie die erste eigene Waschmaschine bekommen haben?
Gab es ein Waschmittel, das Sie für das Wäschewaschen bevorzugt haben?
Welche Missgeschicke sind Ihnen im Verlauf der Jahre beim Wäschewaschen unterlaufen?

DER KÖRPER

Erinnern Sie sich an das Baden in Ihrer Kindheit? Wie oft wurde in der Woche gebadet? Wie lief das Baden ab?
Wie haben Sie Ihre eigenen Kinder gebadet? Wie oft und mit welchen Badezusätzen?
Welches Shampoo bzw. Duschgel haben Sie im Laufe der Jahre gerne benutzt? Gibt es eins, das Sie bevorzugt haben?
Wie haben sich Ihre Gewohnheiten bzgl. des Badens, Waschens oder Duschens im Laufe Ihres Lebens verändert?
Baden oder duschen Sie lieber? Welches Duschgel mögen Sie zurzeit besonders gern?

KATZEN

Mögen Sie Katzen?

Hatten Sie früher eine Katze als Haustier?
Wenn ja: Wie alt waren Sie, als Sie Ihre erste Katze bekamen?
Können Sie sich erinnern, wie Ihre Katze aussah? Beschreiben Sie die Katze.
Was mochten oder mögen Sie an Ihrer Katze besonders gerne?

Welche Aufgaben gehören dazu, wenn man eine Katze als Haustier hält? Um was muss man sich kümmern?
Was braucht man, wenn man eine Katze hält?

Was meinen Sie: Brauchen Katzen draußen Auslauf oder genügt es, wenn sie in der Wohnung bleiben?

Welche Katzenarten kennen Sie?

Katzen sagt man nach, sie seien sehr reinliche Tiere. Stimmt diese Aussage in Ihren Augen?

Warum eignen sich Katzen so gut als Haustiere?

AUTOS

Erinnern Sie sich noch an Ihre Führerscheinprüfung? Wie lief sie ab?

Erinnern Sie sich noch an Ihr erstes Auto? Wenn ja:
Was für ein Auto war es?
Welche Farbe hatte es?
Was für eine Ausstattung hatte es?

Gehört die regelmäßige Autowäsche für Sie dazu? Wenn ja: Wie ging das früher vor sich? Wie machen Sie es heute?

Was war die längste Autofahrt, die Sie je unternommen haben?

Sind Sie jemals in eine Verkehrskontrolle geraten? Wie war der Ablauf?

Hatten Sie schon einmal einen Autounfall? Was ist passiert?

Fahren oder fuhren Sie gern auf der Autobahn?

Sind Sie schon einmal mit Automatik gefahren?

Hatten oder haben Sie für Autoreparaturen eine spezielle Werkstatt?
Können Sie gewisse Reparaturen am Auto selbst ausführen?

Können Sie einen Reifen wechseln?

Was wäre Ihr persönliches Traumauto? Wie müsste es aussehen? Wie müsste es ausgestattet sein?

Haben Sie, als Ihre Kinder den Führerschein gemacht haben, mit ihnen Fahren geübt, zum Beispiel auf einem Verkehrsübungsplatz? Wenn ja: Waren Sie geduldig? Hatten Sie Sorge um Ihr Auto? Durften Ihre Kinder nach bestandener Prüfung mit Ihrem Auto fahren?

BERUFE

Haben Sie einen kaufmännischen Beruf oder ein Handwerk erlernt?

Welchen Beruf haben Sie erlernt?

War der Beruf, den Sie gelernt haben, auch Ihr Traumberuf?

Haben Sie gerne in Ihrem Beruf gearbeitet?

War Ihre Ausbildung anstrengend, mussten Sie viel lernen?

Wie viele Stunden oder Tage in der Woche haben Sie gearbeitet?

In welchem Berufszweig haben Sie gearbeitet?
Wurden in Ihrem Beruf auch Materialien verwendet (z. B. Stoffe oder Metalle)?

Wurde in Ihrer Firma etwas hergestellt? Wenn ja: was?

War Ihre Arbeitsstelle weit von Ihrem Zuhause entfernt?

PUTZEN

Putzen Sie gerne?

Wer hat bei Ihnen zu Hause früher geputzt?

Was musste alles geputzt werden?

Wie oft haben Sie geputzt?

Gab es einen speziellen Tag, an dem Sie geputzt haben?

Haben Sie einen großen Frühjahrsputz veranstaltet?

Mit welchen Lappen/Putzmitteln haben Sie was geputzt?

Haben Sie beim Putzen Handschuhe getragen?

Welche Hausmittel zum Putzen kennen Sie?

Mussten Ihre Kinder ihre Zimmer selbst aufräumen? Wenn ja: Haben sie sich häufig davor gedrückt? Wie haben Sie sie zum Aufräumen motiviert?

KOCHEN

Wer hat bei Ihnen zu Hause gekocht (als Sie ein Kind waren / als Sie erwachsen waren)?

Durften Sie als Kind beim Kochen helfen?

Können Sie gut kochen?
Was kochen Sie am liebsten?

Was hatten Sie früher für eine Küche?
Was hatten Sie für einen Ofen (als Kind / als Erwachsener)?

Erinnern Sie sich an bestimmte Gerüche, die durch das Haus zogen, wenn gekocht wurde?

Wie sahen die Töpfe und Pfannen aus – gab es da einen Unterschied von Ihrer Kindheit zu Ihrem Erwachsenenalter?

Hat Ihre Mutter nach Kochbuch gekocht?
Kochen Sie nach Kochbuch?

Haben Sie viele Kochbücher?
Haben Sie ein Lieblingskochbuch?
Haben Sie ein Lieblingsrezept?
Gibt es ein Gewürz, das Sie besonders gerne mögen?

FUSSBALL

Haben Sie eine Lieblingsfußballmannschaft? Wenn ja:
Wie heißt Ihre Lieblingsfußballmannschaft?
Ist Ihre Lieblingsfußballmannschaft die Mannschaft Ihrer Stadt?
Welche Farben trägt die Mannschaft?
Ist die Mannschaft schon einmal Deutscher Meister geworden?
Erinnern Sie sich noch an ein besonders wichtiges Spiel?
Kennen Sie bestimmte Lieder für Ihre Mannschaft?
Haben Sie auch Fanartikel wie zum Beispiel einen Schal?

Waren Sie schon einmal im Fußballstadion? Wenn ja:
Wer hat gespielt?
Wie war die Stimmung während des Spiels? Wie haben Sie sich gefühlt?
Haben Sie gestanden oder gesessen?
Haben Sie auch etwas gegessen?
Haben Sie etwas getrunken?

Schauen Sie gern Fußballspiele im Fernsehen an? Wenn ja:
Erinnern Sie sich noch an das erste Fußballspiel, das Sie im Fernsehen gesehen haben?
Haben Sie Fußballspiele allein oder mit anderen zusammen gesehen?
Wie haben Sie sich dabei gefühlt?
Haben Sie dabei etwas gegessen?
Haben Sie dabei etwas getrunken?

BÜCHER

Haben Sie einen Lieblingsautor oder eine Lieblingsautorin?

Gibt es Autoren oder Autorinnen, die Sie gar nicht mögen?

Haben Sie früher die Geschichten von Wilhelm Busch gelesen?

Wurden bei Ihnen früher die Märchen der Gebrüder Grimm erzählt?
Kennen Sie auch andere Märchen? Zum Beispiel die von Hans Christian Andersen?

Kennen Sie Gedichte von Heinz Erhardt?
Mögen Sie Heinz Erhardt?

Mussten Sie früher in der Schule bestimmte Bücher lesen?

Haben Sie Werke von Goethe gelesen?

Haben Sie Werke von Schiller gelesen?

Kannten Sie in Ihrer Jugend schon Werke von Shakespeare?